# APERÇU

SUR LES

# ÉVÉNEMENTS POLITIQUES

## DE 1848,

ET SUR LES MOYENS LES PLUS PROPRES

A RÉTABLIR LA PAIX ET LA TRANQUILLITÉ EN EUROPE,

## DÉDIÉ

AUX TRÈS PUISSANTS ET TRÈS ILLUSTRES

## Souverains de l'Europe,

PAR

LEUR TRÈS HUMBLE ET TRÈS OBÉISSANT SERVITEUR

## M. V. NUNES DA COSTA,

*Employé au Département des Finances.*

Ouvrage gracieusement accepté par leurs Majestés le Roi des Belges, le Roi de Suède et de Norvége, le Roi des Pays-Bas, le Roi de Saxe, la Reine de la Grande Bretagne, le Roi de Prusse, le Roi de Wurtemberg, la Reine d'Espagne, le Roi de Sardaigne, le Roi des Deux-Siciles, le Roi de Grèce, le Roi de Danemark, l'Empereur des Français, l'Empereur de toutes les Russies.

AMSTERDAM.
1851.
PROPRIÉTÉ DE L'AUTEUR.

### *Très puissants et très Illustres Princes*,

*C*'est sans doute une entreprise bien hardie que d'essayer d'écrire sur l'économie politique. Je suis loin de penser que mes talents soient suffisants pour remplir dignement une tâche si difficile, qui exige des connaissances beaucoup plus vastes que les miennes, aussi je sens très-bien, que je suis resté au dessous de mon sujet, que j'aurais dû traiter plus explicitement.

Je réclame donc instamment l'indulgence de mon Puissant et Illustre Lecteur, en le priant en même temps de considérer les motifs qui m'ont engagé à lui communiquer mes faibles pensées et mes réflexions, comme un témoignage de mon amour pour l'humanité.

Les évènements de Paris, de Berlin, de Naples et de Vienne, ayant fait une vive impression sur mon coeur et craignant revoir les scènes désastreuses de 1793, je sentis le besoin de m'occuper des intérêts du genre humain, et de chercher les moyens qui pourraient rendre le repos et le bonheur aux malheureux peuples égarés.

Je me suis proposé de traiter d'abord les causes qui ont amené les malheurs passés, et puis de détailler les moyens propres à les réparer d'une manière sage et utile.

Le titre de mon ouvrage suffit pour qu'on ne s'attende point à y trouver de longs détails.

Daignez, Illustres et Magnanimes Princes, me permettre de vous offrir la dédicace de cet opuscule.

Puissiez vous dans votre indulgence, jeter un regard sur mon travail et l'honorer de votre haut suffrage! C'est tout ce que je désire.

AMSTERDAM, LE 31 JUILLET 1848.

Au mois d'Août 1848, j'eus l'honneur d'offrir cet opuscule en manuscript et dans ma langue maternelle aux Illustres Souverains de l'Europe, et m'ayant vu honoré de leur part des marques les plus bienveillantes et les plus flatteuses, j'ai tâché de rendre cet ouvrage dans une langue plus répendue.

Dès lors mes craintes, helas! se sont trop bien réalisées. Que d'évènements terribles et cruels se sont passés en Italie, en Hongrie et en Allemagne!!! Grâce à la Providence, il paraît que la paix commence à se rétablir et que la tranquillité et le calme rénaîtront parmi les peuples. Puissent-ils être de longue durée!

AMSTERDAM, LE 25 OCTOBRE 1850.                    L'AUTEUR.

Depuis l'année 1848 Mr. NUNES DA COSTA a reçu entr'autres les lettres et les distinctions suivantes :

## Lettre du Roi de Suède et de Norvège.

Monsieur NUNES DA COSTA, Ce n'est qu'après mon retour ici de la Norvège que m'est enfin parvenu l'exemplaire en Hollandais du coup-d'œil politique, qui vous fut suggeré par les évènements de 1848, et que vous avez dédié aux Souverains de l'Europe, accompagné de la lettre que vous m'écrivites le 1r Août 1848 pour m'offrir cet opuscule. M'ayant fait rendre compte de son contenu, je ne peux qu'approuver les bonnes intentions qui l'ont motivé, et c'est en vous remerciant de me l'avoir communiqué que je vous assure des sentimens de bienveillance avec lesquels je suis,

Stockholm, le 2 Octobre 1850.                    Votre affectionné,
                                                 OSCAR.

## Lettre du Roi de Saxe.

Monsieur NUNES DA COSTA, vous avez bien voulu m'offrir un exemplaire de votre manuscript intitulé: "coup-d'œil sur les évènements politiques, les vœux et les moyens les plus nécessaires afin que la crise actuelle finisse" C'est avec un vif intérêt que j'ai pris lecture de cet ouvrage et je vous prie d'en agréer l'expression de reconnaissance ainsi que l'assurance des sentimens de bienveillance avec lesquels je suis,

Dresde, le 20 Février 1851.                    Votre bien affectionné,
                                               FRÉDÉRIC AUGUSTE.

Le 8 Juillet 1851, M. NUNES DA COSTA a reçu de S. M. LE ROI DE SAXE la Grande Medaille d'Or à l'effigie de S. M. portant l'inscription **VIRTUTI ET INGENIO**.

Le 8 Septembre 1851, M. NUNES DA COSTA a reçu de S. M. LE ROI DE SUÈDE ET DE NORVÈGE la Grande Medaille d'Or à l'effigie de S M. portant l'inscription **MEMORIAE PIGNUS**. M. NUNES DA COSTA, ad. cur. vectig. amst. mun. fung.

Le 16 Avril 1854, M. Nunes da Costa a reçu de Sa Majesté le Roi des Belges la grande Medaille d'or à l'effigie de S. M. portant la date (21 Juillet 1831) de Son avènement au trône.

Le 22 Mai 1854, M. Nunes da Costa a reçu de Sa Majesté le Roi des Deux Siciles la grande Medaille d'or à l'effigie de S. M. portant l'inscription M. Nunes da Costa Emp. au Dep.t des Finances.

*Qui peut rester froid et indifférent, en face d'évènements aussi graves et aussi menaçants?*

*Il est temps de faire cesser cette lutte entre une nation entière, et une poignée de factieux déguisés sous le nom de patriotes.*
GAUDET, à la Convention.

*Ecris les choses que tu as vues, celles qui sont présentement et celles qui doivent arriver ensuite.*
APOCALYPSE.

Les grands évènements politiques que les peuples voient se succéder avec étonnement et crainte, et les cruautés inouies qui les accompagnent, pour obtenir une liberté chimérique, feraient croire, que la civilisation, au lieu de faire des progrès, a retrogradé de plusieurs siècles, et que nous sommes retombés dans les temps barbares. Il serait à désirer qu'il se présentât *un habile pilote*, capable de diriger le vaisseau de l'Etat à travers ces flots impétieux, pour le conduire dans un port assuré et tranquille. L'avenir est enveloppé de tant d'incertitudes, il est si sombre et si menaçant, que chacun porte ardemment ses regards sur la scène qui va se dérouler, et quoiqu'un conseil, un avis, ne soit guère qu'une goutte d'eau jetée dans le vaste Océan, il est du devoir de tout homme éclairé et animé de bons sentiments, de ne rien négliger pour travailler, et par ses conseils et par ses avis, au salut de l'humanité. De tout temps des hommes habiles ont traité ce sujet et s'en occupent encore aujourd'hui ; pourtant je crois qu'on ne saurait trop s'y appliquer, car il offre actuellement un si vaste champ d'intérêt, qu'on pourra toujours y ajouter quelques nouvelles observations.

Et à qui pourrait-on mieux s'adresser qu'à vous, Illustres et Magnanimes Princes, vous qui êtes élus et sacrés pour gouverner les peuples? Daignez, Illustres et magnanimes Princes, jeter un regard sur les états, qui jouissent d'une heureuse tranquillité et dont les habitants ont eu la sagesse de ne point participer aux maux qui affligent les autres peuples de l'Europe.

Dieu veuille ramener bientôt parmi nous la tranquillité et le calme et nous préserver pour toujours du fléau de la guerre, car bien que les suites des guerres, qui jadis ont fait couler tant de sang et surchargés les états de dettes énormes, soient presque entièrement oubliées, on doit les rappeler à la mémoire des peuples, afin de prévenir et d'arrêter les maux qu'elles entraînent toujours après elles, et surtout, pour témoigner aux Princes, amis de la paix, notre juste reconnaissance des éminents services qu'ils nous ont rendus. Le bonheur, la gloire et la grandeur ne consistent point toujours à faire des conquêtes, mais à étouffer les mauvaises passions, á détruire les préjugés, à combattre l'irréligion, à perfectionner et à encourager l'agriculture et l'industrie, et à multiplier les moyens d'existence.

La position dans laquelle la moitié de l'Europe se trouve en ce moment-ci, est de la plus haute importance. Ce n'est pas une guerre dans laquelle une puissance s'arme contre une autre pour en sortir victorieuse ou vaincue; non, c'est une confusion générale; rien n'est assuré, et, ce qui jadis était ferme, comme un rocher de granit, s'écroule comme une colline de sable, emportée par un vent furieux, qui entraîne tout aux mots *magiques* et *démocratiques*: LIBERTÉ, ÉGALITÉ, FRATERNITÉ.

*Boileau a dit en parlant des hommes:*

> L'ours a-t-il dans les bois la guerre avec les ours?
> Le vautour dans les airs fond-il sur les vautours?
> A-t-on vu quelquefois dans les plaines d'Afrique,
> Déchirant à l'envie leur propre république,
> Lions contre lions, parents contre parents,
> Combattre follement pour les choix des tyrans?
> L'animal le plus fier qu'enfante la nature
> Dans un autre animal respecte sa figure;
> Mais l'homme seul, en sa fureur extrême,
> Met un brutal honneur à s'égorger soi-même.
> Voilà l'homme en effet. Il va du blanc au noir.
> Il condamne au matin ses sentiments du soir.
> Importun à tout autre, à soi-même incommode,
> Il change à tous moments d'esprit comme de mode:
> Il tourne au moindre vent, il tombe au moindre choc.
> Aujourd'hui dans un casque et demain dans un froc.

On dirait, que le jugement de Dieu a été prononcé contre les peuples. Tout est prêt et armé pour s'attaquer; tous attendent avec anxiété et crainte le dénouement de ces évènements horribles; Donc tout homme, aimant la paix, doit chercher les moyens de faire cesser cette crise, non en se servant de l'épée, qui n'est pas toujours le meilleur moyen pour obtenir la tranquillité, mais en fournissant des garanties sûres et propres à ramener le calme dans les esprits, égarés par des sophismes et des suggestions perfides et intéressées.

O mon Dieu! donne moi la sagesse, éclaire mon esprit, fortifie moi par ta Puissance, et daigne diriger ma plume dans la tâche difficile dont je me charge!

Bien que je sente toute la faiblesse de mes talents et de mes pensées, j'éprouve néanmoins le besoin d'épancher mon coeur et de concourir au bien-être général, en aidant à élever une digue contre ce torrent terrible qui menace de nous engloutir. Le succès de mes efforts est tout ce que je désire. Et quoique quelques peuples, dans leur aveugle exaltation, se réjouissent du sang déjà versé pour obtenir la liberté dont ils jouissent, elle n'est à mes yeux qu'une chimère; l'avenir le prouvera. „Que de victimes déjà tombées! que de malheureux „entraînés et séduits! que de veuves et d'orphelins plongés dans le deuil! et l'état des choses „en est-il devenu moins critique? Hélas! non, une fois les liens de la Société rompus, il n'y „a qu'anarchie; et combien de trésors, de temps, et de nouvelles victimes ne faudra-t-il pas „encore pour fermer toutes les plaies et pour rétablir le cours régulier des choses?"

Heureux les états qui peuvent être les paisibles spectateurs de ces scènes désastreuses, s'en garantir et en retirer peut-être une leçon utile!

Agité comme une nacelle sur l'océan courroucé, je veux continuer ma route avec tranquillité, résolu d'en suivre les vicissitudes, d'en découvrir les écueils, et riche de cette découverte, de les signaler, d'en montrer les suites malheureuses et de combattre les mauvaises passions, afin que les fautes passées puissent servir de leçons pour l'avenir et faire renaître le calme et la paix.

Cette tâche (je l'avoue) est très-difficile et bien présomptueuse de ma part; mais rien ne doit nous arrêter, quand il s'agit du bonheur des princes et des peuples, surtout si l'on se propose pour but unique le bien-être général.

Les hautes puissances se préparent à maintenir leurs droits, l'épée à la main, mais cette mesure ne produira que la misère et des torrents de sang; moi, *étranger à toute cabale, sans secours, sans appui, et sans crainte des obstacles qui se présenteront, (l'oeil arrêté sur* celui qui gouverne le monde et qui règle la destinée des Monarques et des peuples) je tâcherai d'atteindre ce but par des moyens plus doux et plus désirables; et, si contre mon espoir, je ne réussis pas, et que même mes paroles bienveillantes s'évanouissent comme la fumée, l'idée d'avoir épanché mon coeur pour contribuer au maintien de l'ordre et de la paix, suffira à ma satisfaction.

En effet, la paix est la compagne du bonheur; En comparant les suites malheureuses des troubles civils et des guerres continuelles qui ont agité et affligé l'Europe pendant si longtemps, avec les heureux effets de la paix qui les ont suivis, d'un côté je trouve la misère et toutes sortes de calamités, et de l'autre prospérité, progrès dans les arts et les sciences, dans toutes les branches du gouvernement, dans l'industrie, dans la civilisation en général; et alors je m'écrie avec transport: Paix! sois trois fois bénie, règne à jamais parmi les hommes; ah, puissions-nous la voir encore se rétablir dans toute sa gloire et sa grandeur!

Et quoique cette civilisation et ces progrès ne fussent pas parfaits, tout faisait néanmoins espérer qu'ils le deviendraient; car, si en effet il y avait quelques défauts à signaler, il fallait le faire avec modération et en attendre la réforme désirable avec calme et patience; mais non pas la réclamer avec violence. Quand donc le peuple comprendra-t-il que pour lui il n'y a jamais rien à gagner aux révolutions et aux émeutes? Qu'il ne sert absolument que comme instrument aveugle aux infâmes intrigues, et qu'après tout, il se trouvera mille fois plus malheureux qu'auparavant, puisque c'est toujours lui qui paie l'impôt de ses sueurs et la victoire de son sang!!!

Les hommes d'Etat, qui ont conseillé aux princes de persister dans leur système, quand les temps et les circonstances ne le leur permettaient plus, se sont chargés d'une grande responsabilité, et si maintenant ils jettent un regard sur le passé, quels ne doivent pas être leurs regrets? D'un autre côté, si l'Europe nous laisse le souvenir de sa grandeur et de sa puissance, nous voyons qu'elle dut son élévation aux bienfaits de la paix, que surent maintenir des hommes d'Etat habiles et sages, malgré les agitations qui troublèrent quelquefois quelques états de l'Europe. Et quels ne furent pas les heureux résultats de cette union entre les souverains et les peuples?

La France et l'Angleterre unies! Leurs Majestés Royales se rendant visite dans leurs états! Les Maréchaux Soult et Wellington ne se faisant plus la guerre, mais vidant ensemble la coupe à la prospérité et au bonheur de leurs souverains et de leur pays! Qui se serait imaginé et aurait osé présumer que deux nations, naguère si jalouses l'une de l'autre, dont une haine inplacable a fait couler tant de sang, surchargé les états de dettes énormes et changé la face des choses et des dynasties, vécussent un jour dans un accord parfait?

„ Ai-je besoin de rappeler le passé, après cette guerre sanglante et destructive?"

Grâce à Dieu, les guerres sur le continent ont heureusement cessé. Mais où finirais-je, si je voulais mentionner tous les nobles sacrifices, tous les faits sublimes et tous les résultats importants qui en ont été les suites?

Et ne s'agit-il ici que de ces deux grands Royaumes? L'Europe entière, (grâce à une paix de 33 ans) était parvenue au plus haut degré de progrès et de prospérité, qui promettaient pour l'avenir les fruits les plus salutaires; et quoique les résultats aient montré que cette paix ne reposait pas encore sur une base très-solide, elle faisait cependant espérer à l'Europe un accroissement de puissance et de richesse, et aurait peut-être formé entre les nations, avec le secours de la civilisation et le système des chemins de fer, une fraternité parmi tous les peuples, dont chacun aurait eu son Prince et son gouvernement particulier.

Ainsi toutes les guerres, avec les maux et les plaies qui l'accompagnent toujours, auraient été terminées et ne se seraient plus faites qu'avec la plume, comme l'expérience nous l'a souvent montré, et quoiqu'en agissant ainsi, on ait quelquefois commis de très-grandes injustices à l'égard des états de second rang, du moins on n'a pas sacrifié tant de victimes ni de fortunes.

Il est plus glorieux de remporter une victoire avec la plume que par les armes. Dans une guerre, le vainqueur perd aussi bien que le vaincu, et les arts, les sciences, l'industrie, la prospérité, en un mot, tout souffre et languit.

Mais rien n'est constant; et l'on voit comment les hommes peuvent se tromper dans leurs raisonnements et échouer dans leurs combinaisons; car ce que l'on envisage comme stable, disparaît comme la fumée au moment où l'on s'y attend le moins; ai-je besoin de répéter ce que l'on disait partout? „ Tant que S. M. Louis Philippe vivra, tout ira bien; on n'avait alors qu'un désir, qu'une espérance, celle que le Comte de Paris parvint à l'âge de pouvoir régner et que Dieu, dans sa bonté extrême, prolongeât jusque là la vie de son illustre aïeul. Voilà ce que l'on espérait généralement, après la mort douloureuse et affligeante de Son Altesse Royale le Duc d'Orleans. Vanité! L'homme propose, Dieu dispose. Celui qui dirige tout dans sa volonté suprême, déjoua entièrement ces espérances. Lui seul trace la carrière de chaque individu et dirige toute chose, ainsi qu'il l'a reglée dès sa création. Les passions humaines, les intérêts privés peuvent dévaster la terre et détruire des villes; dans la création tout suit son cours régulier. Le soleil n'a rien perdu de son ancien éclat ni de sa primitive splendeur; son influence salutaire répand également la même nourriture, et donne à tout la même vie qu'au commencement de la création. L'ordre n'est jamais interrompu dans la nature; tout y revient aux mêmes temps et aux mêmes saisons, selon les lois qu'elle prescrit; Et qu'est-ce qui pourrait exister ou résister aux ravages du temps, sans cette harmonie céleste? Rien!... absolument Rien! voilà ce qui doit nous inspirer une entière confiance en Dieu."

On dira peut-être qu'il y avait des abus, et même de très grands abus qu'il fallait détruire; mais qu'il me soit permis de poser une question: qu'y a-t-il de parfait au monde? et ceux qui critiquent, pourraient-ils produire quelque chose de meilleur? Une autre question: emploie-t-on toujours dans un moment opportun le moyen propre à détourner un mal réel ou imaginaire? Qui niera qu'une loi, promulguée dans un moment favorable ou défavorable, affermisse un état ou cause sa chute?

*A peine a-t-on entendu la détonation d'un seul coup de fusil*, que la situation de l'Europe a entièrement changé de face, après 18 ans d'une heureuse tranquillité. Et l'homme d'état ne doit-il pas savoir avant tout que, quand les mesures dont il se sert pour améliorer le sort de la nation restent sans succès, il compromet à la fois son propre bonheur et celui de ses concitoyens; car l'un perd son crédit, sa puissance et plonge son Prince dans un abîme de dangers; les autres perdent l'espoir de toute amélioration et cherchent alors de nouveaux moyens pour parvenir à leur but, qui souvent les mène de mal en pis.

Viennent ensuite les journalistes et les publicistes; supposons qu'ils se mêlent de politique dans le noble but d'indiquer des améliorations, hélas! l'expérience a trop bien prouvé, qu'il y en a plusieurs qui, *tout en semant la discorde*, tâchent d'acquérir par leurs écrits de la rénommée, pour s'élever plus tard; et d'autres qui, par le même moyen, ont préparé la révolution dans le but de parvenir au pouvoir, unique objet de leurs désirs; une fois arrivés aux dignités, ils ne peuvent être heureux au faîte de leur élévation; car si la conscience chez eux ne se trouve point entièrement étouffée, leur coeur doit saigner à la vue des misères nombreuses qu'ils ont répandues sur leur Prince, sur le peuple et sur leur patrie; misères auxquelles ils ne peuvent remédier, ni même en arrêter les progrès. En suite se forme un gouvernement quelconque, n'importe lequel; le peuple se trouve toujours sous un joug plus pesant et plus insupportable que celui qu'il vient de secouer avec violence.

Mais supposons que tout cela se fasse dans des vues nobles, généreuses et vraiment salutaires, tous ces écrivains publics peuvent-ils calculer d'avance les suites fâcheuses de leurs écrits, s'ils n'atteignent pas leur but?

Chacun sait comment une révolution commence, mais personne au monde ne peut en connaître la fin; l'expérience nous a appris que le calme, l'ordre et la tranquillité ne renaissent qu'après d'horribles carnages, des dépenses énormes et la ruine de plusieurs familles. Il se peut qu'une révolution apporte des changements favorables à la liberté et à l'égalité, mais ils coûtent cher, puisqu'ils surchargent le pays de millions de dettes, et, si l'état alors ne les réduit pas, soit en les tierçant, soit en diminuant les rentes, le peuple sera chargé de nouveaux impôts, beaucoup plus onéreux qu'avant la révolution.

Tout ce que je viens de dire n'est pas le fruit d'une imagination exaltée; non, c'est une réalité, et nous vivons dans un temps tellement critique, que si Dieu ne nous protége, nous pourrions retomber dans les mêmes misères et endurer les mêmes cruautés dont nos pères ont été les malheureuses victimes.

Si la guerre avec toutes ses horreurs dévaste et ruine un pays, combien plus terrible ne l'est-elle pas entre citoyens, qui s'égorgent sans même savoir pour-quoi ils se battent, ne laissant souvent à leurs descendants que le triste héritage de haines implacables. L'histoire des guerres civiles ne nous en fournit-elle pas des exemples nombreux?

C'est donc une bien grande responsabilité, qui repose autant sur les hommes d'état que sur les écrivains publics, de maintenir la concorde et la paix, s'ils veulent en effet se rendre dignes de leur haute mission. Ils manquent à leur noble vocation, en allumant le tison de la discorde au milieu des progrès, de la prospérité et de la civilisation.

Le récit de toutes les horreurs commises dans les derniers temps afflige mon coeur; le carnage et la terreur qu'il nous retrace, méritent les réflexions les plus sérieuses. Un Royaume que son Roi avait élevé à un haut degré de prospérité, trouve sa ruine dans l'aveuglement de ses ministres qui, se confiant trop dans leur bonne fortune, se sont servis de mesures qui ont jeté leur Prince, leur Patrie, eux-mêmes et presque toute l'Europe dans un abîme de misères.

La France souffre actuellement d'une maladie contagieuse, et il faut absolument un *Médecin habile* pour la guérir; car ce n'est plus seulement un mal intérieur, non, le mal se montre aussi dans des pays susceptibles à la contagion. En d'autres termes, il n'y a point d'état sans esprits mécontents qui, jaloux de tout succès, tâchent de renverser l'ordre des choses, afin de s'élever, et alors surgissent des écrivains, qui cherchent à établir de fausses idées, à enseigner de fausses doctrines, qui soulèvent facilement le peuple et le jettent dans des conspirations. Donc la révolution, ainsi préparée, bouleverse en un instant l'état sous le prétexte le plus léger.

Heureux le Pays, qui possède des Ministres dont l'énergie sait faire taire ces écrivains turbulents et couper ainsi le mal dans ses racines; de tels dignitaires sont également chers au Prince, au Peuple et à la Patrie. Quelque difficile que puisse donc être la position d'un premier Ministre, tous ses efforts doivent tendre à unir autant que possible le Prince à son peuple, en lui parlant sans cesse des droits de la nation, et en rappelant toujours à celle-ci les droits de son souverain; par ce moyen il réussira à remplir cette tâche, préservera sa patrie de tout danger, et lui assurera une stabilité contre la quelle viendront échouer les tempêtes révolutionnaires; telle-est *la base* de *la force* et *du salut* d'un état.

Et les noms de ceux qui contribuent à cette heureuse stabilité, seront écrits en lettres d'or sur la colonne de l'Etat, en mémoire de leurs nobles travaux. Car un homme de mérite est, comme un soleil dont les rayons échauffent et répandent partout la prospérité; ne pas lui rendre justice, c'est décourager la vertu, et le Prince lui-même, en méconnaissant des services utiles, se prive de la douce satisfaction de les récompenser.

J'ai donc achevé la première partie de cet ouvrage, et j'ai tâché de m'expliquer sans être trop prolixe, puisqu'il m'était impossible de considérer tous les évènements d'une manière très étendue; on sent que la trop grande multitude de leurs conséquences ne permet point qu'elles soient toutes indiquées ici dans cet aperçu; d'ailleurs ces évènements seront sans doute retracés par des plumes plus habiles que la mienne.

Mon but est simplement d'arrêter l'attention sur le passé, pour en tirer du profit pour l'avenir; le temps m'apprendra si je l'ai atteint.

Il n'y a que le Tout-puissant qui connaisse l'avenir et la destinée de l'homme. Que tous les yeux et tous les coeurs se tournent vers sa face pour le supplier avec ferveur, qu'il mette une terme aux agitations politiques! Puisse-t-il, dans sa bonté extrême et infinie, exaucer ces prières!

Avant de commencer la seconde partie, je dois faire observer, que les moyens nécessaires à faire renaître dans les coeurs le calme, le repos, l'ordre et la prospérité, seront traités plus brièvement encore ; car si l'on voulait entrer dans trop de détails, il en résulterait d'abord la nécessité de traiter chaque état dans sa forme de gouvernement, dans ses finances, dans son industrie et dans ses productions agricoles, puisque cela dépend de sa situation géographique, de son caractère, de sa religion, de ses moeurs et de ses usages, et comme tous les états ne peuvent être gouvernés de la même manière, il faudrait par conséquent être initié dans les secrets les plus intimes de chaque état, avant de pouvoir se mettre au niveau des affaires publiques, afin d'être à même d'indiquer les améliorations convenables et propres à chaque nation.

*Chose inexécutable sans le secours et l'appui des gouvernements* ; car on ne saurait nier, que ce qui est avantageux et utile à une nation, ne soit pernicieux à une autre et même impraticable. Non, il faut qu'il y ait des intérêts différents entre les nations, relativement à leurs productions, à leurs arts et à leurs sciences, afin de les réunir justement par la fusion de ces intérêts mutuels ; ce qui établira entr'eux la plus parfaite harmonie ; Et quoiqu'il y ait des personnes qui sontiennent que la prospérité d'une nation ne peut avoir lieu qu'au détriment des autres nations. (Idée fausse, qui a causé la plûpart des guerres) Il faut au contraire faire sentir à chaque nation qu'elle est fortement intéressée aux progrès des autres. Lorsque cette vérité sera généralement acceptée, le germe des rivalités sanglantes disparaîtra et fera naître des idées de paix et de travail. Une noble rivalité poussera les peuples à se surpasser dans les sciences, dans les beaux-arts et dans les inventions utiles. Des armées industrielles exécuteront les grands travaux d'intérêt général, et un jour arrivera où les peuples, au lieu de se faire la guerre, jouiront partout de l'union et de la prospérité.

Outre-cela, si l'on voulait indiquer dans toute leur étendue les moyens propres à atteindre à ce noble but, on tomberait infailliblement dans une répétition de choses, que des écrivains habiles ont déjà dites et écrites chacun dans leur Pays ; ainsi je tâcherai de tracer en termes généraux ce qu'il importe à chaque état d'observer, comme base principale d'un bon gouvernement.

Et comme cet écrit est destiné à être offert aux augustes et magnanimes Princes de l'Europe, qu'ils daignent donc considérer les réflexions suivantes, comme le fondement sur lequel tout gouvernement peut établir son édifice politique.

# LA RELIGION.

*La foi, l'union et l'espérance donnent la force.*

La religion , étant la loi suprême sur laquelle se fonde la société entière et constituant la paix , la concorde , la confiance et le vrai bonheur du genre humain , il faut alors que les Ministres de Dieu, quel que soit leur culte, sentent toute l'importance des devoirs de leur haute mission ; et comme ils exercent une très grande influence sur les masses, ils ne doivent ni soulever des débats théologiques, ni agiter les esprits, ni fomenter des haines, ni prêcher la persécution ou le chisme ; car qui ignore les cruautés et les forfaits commis au nom de la religion ? On lit dans les massacres de la Saint-Barthélemy ce tableau tragique.

> Je ne vous peindrai point le tumulte et les cris,
> Le sang de tous côtés ruisselant dans Paris,
> Le fils assassiné sur le corps de son père,
> Le frère avec la soeur, la fille avec la mère,
> Les époux expirant sous leur toits embrasés,
> Les enfants au berceau sur la pierre écrasés :
> Des fureurs des humains c'est ce qu'on doit attendre ;
> Mais ce que l'avenir aura peine à comprendre,
> Ce que vous-même encore à peine vous croirez,
> Ces monstres furieux de carnage altérés,
> Excités par la voix des prêtres sanguinaires ,
> Invoquaient le Seigneur en égorgeant leur frères.
> Et , le bras tout souillé du sang des innocens ,
> Osaient offrir à Dieu cet exécrable encens.

Au contraire ils doivent, inspirés par la parole du Très-haut, prêcher la paix, la concorde et la fraternité, puisque les hommes sont tous enfants du même père, et rendre les peuples vraîment heureux, en leur inspirant des sentiments d'un amour mutuel et religieux; ils doivent même faire le sacrifice de leurs opinions religieuses au bien-être et à la tranquillité de l'État, et ne pas l'exposer aux fureurs de l'intolérance et de la persécution, ni même aux dissensions qui rompent l'union des familles; ils doivent enseigner la religion, la faire vénérer et aimer; voilà leur vraie mission; car sans religion, il n'y a plus de respect pour les Princes ni pour les autorités; la religion étant la sauve-garde des peuples, le Prince doit être religieux et son exemple sera suivi par la nation qu'il gouverne; en effet l'irréligion et le relâchement des lois sont toujours les avant-coureurs de la ruine des états.

La vraie foi, telle qu'elle nous a été révélée, est si nécessaire à l'union des nations, que si on leur enseigne l'amour de Dieu et du prochain, elle devient un rocher qui peut résister à toutes les mauvaises passions et conduire tous les peuples au bonheur. Voilà le devoir sacré imposé aux ministres de Dieu, s'ils veulent remplir dignement la mission divine dont ils sont chargés, quel-que soit d'ailleurs le culte auquel ils appartiennent.

La doctrine de l'écriture sainte est simple, claire, pleine d'amour et de charité et résumée dans ces préceptes: Honore ton Dieu, aime ton prochain comme toi-même, ne fais à autri que ce que tu veux qu'on te fasse. Voilà les bases sur les quelles reposent tout l'édifice social et le bonheur du genre humain.

En attendant chacun doit avoir la liberté d'exercer la foi et le culte de ses ancêtres, (jusqu'à ce que le grand jour arrive où tous les peuples professeront la même religion) toutefois nos sentiments religieux ne doivent point troubler l'État, ni causer des divisions entre les hommes qui ont des opinions religieuses différentes; et ceux surtout qui croient avoir le bonheur d'être éclairés du flambeau de l'Écriture-Sainte, et de connaître les trésors d'amour du Tout-Puissant envers ses enfants, doivent éprouver le plus profond respect et la plus vive reconnaissance pour leur céleste Bien-faiteur, honorer ceux qu'il a élus pour être nos princes et nos supérieurs, et aimer leurs frères en Dieu, qui les appelle tous à la béatitude céleste.

Le ridicule, que les philosophes du 18me siècle ont jeté sur l'Écriture-Sainte, a été la principale cause de tous les troubles qui ont agité la France et l'Europe pendant tant d'années. Aussi serait-il à désirer que la jeunesse reçut une éducation vraîment religieuse, capable de résister plus tard aux attaques de l'incrédulité et aux sophismes des hommes pervers ; la négligence de l'instruction religieuse entraîne après elle les plus grands maux ; car tout sort en effet de l'éducation, le bien, le mal, les croyances, les opinions, les moeurs et les sentiments: et en réformant l'éducation de la jeunesse, on réforme aussi le genre humain.

Il serait surtout désirable que les ministres de la religion, quelque soit leur culte ou leur croyance, ne prissent pour textes de leurs prédications et pour bases de leurs instructions publiques ou particulières, que les deux grands commandements de la loi divine, ci dessus cités. Alors leur voix, ne faisant entendre que des paroles de charité et d'amour fraternel, apaiseraient les agitations actuelles et préviendraient de nouveaux troubles.

De même ils doivent faire sentir aux riches, qu'en améliorant la condition de la classe ouvrière, ils augmenteront le bonheur de la sociéte, en conservant au pays la tranquillité, et par là même la source de leur prospérité. Voilà comment ils obéiront à Dieu et accompliront sa volonté. Les riches et les grands de la terre mettront alors leur bonheur à soulager les misères de leur prochain. La charité luttera heureusement contre les souffrances de l'humanité; les pauvres, se voyant secourus, se soumettront à la volonté de Dieu et chercheront dans leur travail journalier la satisfaction de leurs besoins, et dans une bonne conduite l'amélioration de leur sort. Cette morale, enseignée d'une manière affectueuse et paternelle, exercera sur l'homme une influence salutaire; alors il ne sera plus si orgueilleux de son bonheur, ni si abattu par son malheur. „Car souvent le bonheur est là, qu'on le croit bien loin; souvent on s'en „glorifie que le malheur est à la porte." La confiance en celui qui gouverne tout, doit nous engager à remettre notre sort entre ses mains; la religion nous en fait un devoir et nous donne la force de le remplir.

# L'ÉDUCATION.

*La bonne éducation des enfants est une des choses auxquelles les parents sont le plus fortement engagés et par devoir et par intérêt, et le bonheur et la prospérité d'une nation en dépendent extrêmement.*

LOCKE.

La première éducation, étant la base sur laquelle se fonde la carrière et l'avenir de tout homme, n'importe le rang et la place qu'il sera appelé à occuper dans le monde, il est de la plus haute importance que cette première éducation repose sur des principes de vertu et de morale, sans lesquels les plus grands talents et les connaissances les plus étendues ne rempliront jamais le but de la destination de l'homme.

Veut-on former de bons sujets, de bons pères de famille? Cela dépend toujours de la première éducation qu'on a reçue. Sans parler des devoirs imposés aux mères et aux parents en général, il faut surtout aux enfants des précepteurs, qui sachent les élever et qui sentent toute l'importance de leur vocation; car il ne s'agit point seulement de leur donner de l'instruction, il faut surtout leur enseigner la vertu et la morale, déraciner en eux tout germe de vice et détruire leurs préjugés et leurs erreurs. C'est donc aux parents de savoir choisir l'homme à qui, en toute concience, ils peuvent confier le bonheur et l'avenir de leurs enfants, tâche bien plus difficile que l'on ne pense; Mais où choisir le précepteur qui unisse au savoir la vertu et la morale?

Il serait donc à désirer que les gouvernements s'occuppassent sérieusement de cet objet, en créant par leurs soins et sous leur surveillance des instituts propres à former des précepteurs, dignes d'être admis dans l'intérieur des familles et recommandables sous tous les rapports; alors les parents en s'adressant à ces instituts, seraient assurés d'avoir fait le choix d'un homme, à qui ils pourraient en toute confiance remettre l'éducation de leurs enfants; et les précepteurs, se trouvant ainsi sous la protection spéciale du gouvernement, seraient d'abord beaucoup mieux gratifiés, puis aussi beaucoup plus considérés et beaucoup plus respectés, tant par les parents que par les élèves.

Je sait tout ce qu'il y aurait de difficile pour des gouvernements, d'adjuger des diplômes de vertu et de morale, surtout dans ce siècle d'hypocrisie; mais puisqu'ils peuvent en livrer pour l'enseignement, n'auraient-ils pas la faculté de le faire pour la vertu et la morale?

Espérons que cette idée méritera l'attention et la réflexion de mes illustres lecteurs, malgré les grandes difficultés qu'il y aurait à la réaliser!

# LES MINISTRES ET LES HOMMES D'ÉTAT.

Ils doivent s'unir et s'entendre avec leurs Princes, afin d'inspirer par leur exemple le respect et l'amour pour leur Auguste Souverain ; aussi est-il d'une grande necessité pour eux, s'ils veulent bien servir leur Prince, de ne pas perdre de vue les intérêts et les besoins du peuple ; car de là naissent l'harmonie et la concorde.

Il faut avant tout, qu'ils évitent de désunir le Prince et le peuple, en proposant des lois et des améliorations, qu'ils reconnaissent plus tard inadmissibles ; car en promettant trop de réformes sans être capables de les exécuter, ils inspirent de la méfiance au peuple, qui d'abord fait de l'opposition, puis se révolte ; et ces vaines promesses, ces désappointements, au lieu de faire des améliorations, causent souvent des difficultés dans toutes les branches de l'administration. Un changement de Ministère est souvent accompagné de grandes difficultés pour en former un autre ; et après avoir été formé, la situation du Prince, du peuple et du pays empire bien souvent et devient alors de plus en plus pénible et dangereuse.

Le Ministère doit être animé du même esprit et surtout ne pas subir trop souvent de changement de Ministres, car ceux qui quittent leur porte-feuille de gré ou par nécessité, ne gardent pas toujours le silence, et alors il se forme une opposition contre les nouveaux élus, qui, se succédant sans cesse, ne peuvent acquérir la force, l'unité et le respect nécessaires à faire marcher les affaires, et embarrassent par là leur Prince et le gouvernement. L'héritage d'un Ministre, tombé devant l'opposition, est toujours triste à recueillir ; car tout Ministre nouvellement nommé, ayant d'autres idées, d'autres maximes que son prédécesseur, sera critiqué et jugé à son tour par les journalistes. Le peuple donne toujours son attention à leurs raisonnements, partage leur manière de voir, prête l'oreille à leurs réclamations, applaudit aux mesures qu'ils proposent, et ces journalistes, loin d'améliorer la situation du pays, ne soulevent souvent que de nouveaux débats, qui diminuent l'affection du peuple pour son Souverain, tandis que l'union aurait été si nécessaire et si avantageuse au salut et au bonheur communs. C'est pour celà qu'il est si désirable que le peuple mette toute sa confiance en son Prince et en ses Ministres, puisque leurs intérêts sont toujours les mêmes

3

Les anciens ont si bien senti la nécessité d'une auguste sanction, pour rendre les lois plus vénérables aux peuples, qu'ils les faisaient émaner d'une volonté divine, et que les Princes étaient élus par la grâce de Dieu pour régner sur eux; de sorte que leur personne était sacrée et inviolable et inspirait au peuple la vénération, l'amour et l'attachement le plus profond. De nos jours, on veut que tout se fasse par le choix du peuple, et l'on croit ainsi jouir d'une liberté entière. L'expérience nous montre assez combien ce mode d'élection directe, quoique réellement désirable et heureux pour le peuple, se trouve malheureusement et ordinairement vicié, puisqu'au fait, les élections, quoique libres en apparence, ne se font souvent que par intrigue et esprit de parti. Il serait à désirer, que la constitution accordât deux élections : la première, faite par les électeurs, qui éliraient un nombre double de députés, et dont la moitié seraient choisis par le chef de l'Etat; cette seconde élection formerait ainsi le corps représentatif. Mais que la volonté suprême soit faite! quel est l'homme qui en connaisse les desseins et qui puisse s'opposer à ses décrets.

L'Éternel dans ses mains tient seul nos destinées :
Il sait, quand il lui plait veiller sur nos années,
Ne lui demandons point compte de ses décrets.
Qui pourra d'injustice accuser ses arrêts?
Ce qu'il veut, il l'ordonne, et son ordre suprême
N'a point d'autre raison que sa volonté même.
ô Sage profondeur! ô Sublimes secrets!
J'adore un Dieu caché, je tremble et je me tais.

Que les hommes d'état répondent donc aux désirs raisonnables des peuples, afin de prévenir à temps les suites dangereuses qui pourraient naître d'un refus injuste, puisque l'expérience nous a souvent montré qu'on est obligé d'accorder plus à la fin qu'au commencement; ils doivent observer en outre qu'on ne peut pas toujours agir selon sa propre volonté; c'est pourquoi il est à désirer qu'on suive l'exemple d'un Prince, qui parcourait tous les ans ses états d'une extrémité à l'autre, pour connaître par lui-même les désirs et les voeux de ses sujets. Le salut et le bonheur d'un Royaume dépendent bien souvent des rapports fréquents entre le Souverain et son peuple.

# FINANCES.

Malgré la place que j'occupe dans ce ministère, et nonobstant une expérience de plusieurs années dans cette branche d'administration, à mon avis, la plus importante d'un bon gouvernement, je me bornerai cependant à la traiter en termes généraux, en indiquant seulement les règles que tout gouvernement doit suivre pour diriger avec succès les finances de l'état, qui font l'âme du corps politique et qui rendent la vie et le mouvement à toutes les autres branches d'administration.

Mais en considérant les finances comme le mobile d'où tout dépend, on doit mettre le plus grand soin à régler avec justesse et économie les revenus et les dépenses de l'état, afin que des frais imprévus et inopinés n'arrêtent pas les services accoutumés du gouvernement, ou ne nécessitent pas des mesures qui pourraient ensuite être nuisibles à l'état. C'est pour cela qu'il serait fort à désirer, dans les circonstances actuelles, qu'on adoptât un nouveau système d'impôts, dans lequel on prendrait surtout en considération la nécessité d'imposer les objets de luxe et tout ce qui en dépend; ensuite de réduire légitimement les rentes, afin d'encourager par là l'industrie, de diminuer non seulement les impôts des classes ouvrières et peu aisées, mais encore de pourvoir aux premiers besoins du peuple d'une manière moins onéreuse pour lui.

Aussi serait-il à désirer qu'on ne surchargeât pas la nation en temps de paix et de prospérité, afin d'en prévenir le mécontentement, la misère et la ruine. Cependant on doit reconnaître que les finances sont l'administration la plus pénible, la plus ingrate, la plus difficile, quand on l'exerce consciencieusement. Aussi, la dignité d'un Ministre des finances n'est nullement à envier; car quelque sage qu'il soit, quelque soit sa puissance, quelques lumières qu'il possède, que d'agitations! que de traverses! Certain écrivain dit: „L'or est le premier „mobile du corps social, comme le soleil, dont il est l'emblême, mais comme le soleil „lui-même détruirait ce monde si la sagesse divine n'en gouvernait les effets, l'or détruirait la

„société si une bonne administration n'en dirigeait l'influence. Le plus grand mal que l'or „puisse produire dans un état, c'est lorsqu'il s'accumule dans un petit nombre de mains, c'est „comme si les rayons du soleil se fixaient dans la seule zone torride, et abandonnassent aux „glaces le reste du globe."

Il est donc d'une très grande importance de régler soigneusement les revenus de l'état et de les mettre en circulation, de manière qu'ils donnent de la vie et de l'activité à toutes les classes de la société, afin d'en recueillir des fruits heureux et assurés, tant dans l'agriculture que dans l'industrie, dans le commerce, dans les sciences et dans les arts; de même on doit tâcher de faire marcher *toutes les branches du gouvernement*, non avec un grand nombre d'employés, mais avec des gens capables et probes, qu'on pourra salarier convenablement. La simplification du mécanisme administratif est grandement à désirer. La régularité et l'exactitude diminuent dans les bureaux, lorsque les employés subalternes doivent consacrer une partie de leurs temps à d'autres occupations, pour subvenir à leurs besoins journaliers.

Il n'est pas difficile de faire marcher tous les rouages d'un gouvernement auquel on fournit tous les moyens d'agir, soit par des emprunts réitérés ou par des augmentations d'impôts; on doit le faire par des moyens proportionnés à ses ressources, afin que l'administration suive son cours régulier et constant.

Il en est de même d'un général habile, qui sait utiliser tous ses moyens d'attaque et de défense avec une armée peu nombreuse; sa victoire sera plus éclatante que celle d'un général qui ne devra son triomphe qu'au grand nombre de ses soldats.

# POLICE.

Il est de la plus haute importance de donner à ce département les moyens et la force nécessaires à défendre l'état et à maintenir l'ordre social.

Il s'agit donc de bien régler la police par des mesures et par des ordres très explicites, et surtout de choisir des chefs actifs et capables; car l'expérience a souvent prouvé qu'une révolution, arrêtée dès son principe, est aussitôt étouffée.

Il est donc nécessaire que les chefs de police en général soient des hommes honnêtes, dévoués à leur pays et à leur Souverain, habiles, prudents et intelligents; afin que dans l'occasion leur autorité soit assez grande pour pouvoir agir sans attendre des ordres supérieurs; car pour arrêter le mal à sa source, il ne faut qu'un seul moment, et ce moment une fois perdu ne se retrouve plus et est souvent la cause primitive de la perte des états et des évènements épouvantables.

Outre cela il est encore très nécessaire de découvrir, d'anéantir la propaganda des doctrines subversives et l'établissement des sociétés dangereuses à l'état; le premier devoir de tout gouvernement est de resister, non seulement au mal, mais aux principes du mal et aux idées qui suscitent le désorde; sans gêner l'intelligence, il doit enchaîner les mauvaises passions et utiliser les esprits inquiets; un pouvoir qui fléchit devant un mauvais principe manque à sa mission, ne la comprend point, et prépare sa perte.

Cependant la police ne doit pas agir d'une manière inquisitoriale; dans ce cas le remède serait pire que le mal; elle doit tâcher avant-tout de maintenir le repos et l'ordre intérieur, auxquels tous les honnêtes gens seront prêts à contribuer de tout leur pouvoir; tandis que si elle se mêle des affaires qui ne regardent point la sûreté de l'état, elle se créera une opposition forte et tenace; voilà la marche que doit suivre cette branche d'administration.

En resumé, dans la situation actuelle, il faut avant tout un Ministère ferme, qui sente sa force, qui sache maintenir l'ordre et le repos, et qui unisse le clergé à l'autorité militaire ; car la religion et l'armée sont les deux colonnes sur lesquelles repose la stabilité de l'état ; et ces deux pouvoirs, unis et appuyés par une police zélée et fidèle, donneront au Gouvernement une force capable de résister à toutes les tentatives révolutionnaires.

# LES AUTEURS EN GÉNÉRAL.

*Eene edele vrije pers, aan 't goede en schoon geheiligd,*
*Geen oproer kraait of sticht, maar Vorst en volk beveiligd,*
*Een milde zon, geen alverteerende vulkaan,*
*Dit schrijvers, dit, dit is uw grootste pligt voortaan.*

Protéger les auteurs, c'est un devoir impérieux pour un gouvernement ; puisque c'est à leurs études et à leurs travaux, que les sciences doivent leur propagation et les immenses progrès qu'elles ont faits. Les princes ont une double obligation de protéger les auteurs ; car ces derniers transmettent à la postérité les travaux utiles et les bonnes actions des souverains, qu'ils citent comme modèles. Sans les auteurs rien ne reste dans le vaste domaine des sciences et des arts ; c'est à eux que nous devons la poésie, l'histoire, la relation des inventions utiles et tout ce qui intéresse l'intelligence ; ils unissent les nations d'une extremité du monde à l'autre par des liens d'intérêt et d'amitié ; c'est à eux que les grands-hommes doivent leur célébrité.

Rendons donc aux bons écrivains l'hommage qui leur est dû. Ils travaillent au bien-être général et au perfectionnement des moeurs ; ils recueillent non seulement déjà eux-mêmes pendant leur vie le fruit de leurs travaux ; mais leurs écrits passent à la postérité avec le précieux avantage d'être toujours utiles.

Mais il ne faut pas que les auteurs se servent des dons dont la nature les a doués, pour semer la discorde, le désordre et l'immoralité ; par là ils avilissent leur talent et perdent non seulement la douce satisfaction de faire le bien, mais deviennent après leur mort des objets de mépris. Et s'ils pouvaient alors voir les maux irréparables qu'ils ont causés, et les résultats des mauvais principes qu'ils ont enseignés, quels ne seraient pas leurs remords! Le peuple doit donc être en garde contre tous ces intrigants, qui ne font la guerre aux riches que pour devenir riches eux-mêmes, aux pouvoirs de la terre que pour arriver à la puissance, en dénaturant les faits, en attaquant les lois et les institutions, en niant la vérité, en affirmant le mensonge, en calomniant les personnes et en se jouant indifféremment de leurs lecteurs et d'eux-mêmes! si au contraire ces écrivains faisaient connaître la vérité, chacun leur en saurait gré; la paix et la tranquillité leur auraient assuré une existence heureuse; car plusieurs fois un avis, un conseil donné à temps a sauvé des états, tandis qu'une parole, imprudemment proférée, laisse souvent des traces que plusieurs années ne pourraient effacer.

# BEAUX ARTS ET SCIENCES.

Comme les arts et les sciences font la principale gloire des nations, il est du devoir des gouvernements de les encourager et de les récompenser dignement; puisqu'en prêtant un appui suffisant au génie et aux travaux de l'esprit, ils s'ennoblissent non seulement eux-mêmes, mais font naître des savants et des artistes, dont le savoir éclaire les intelligences et perfectionne les talents. Ces encouragements exerceront une heureuse influence sur ceux qui les auront mérités; ils exciteront une noble émulation parmi ceux qui en sont les objets, et feront paraître des chefs-d'oeuvre qui couvriront de gloire le pays qui les a produits, et honoreront le Prince sous le règne duquel ils auront paru. Mus par un sentiment de gratitude, ils tâcheront de communiquer leur savoir ou leur talent à tous ceux qui voudront en profiter, et formeront ainsi une nouvelle génération de savants, de poètes, de peintres, de musiciens et d'autres artistes. Car dès qu'il paraît un chef-d'oeuvre, quelle qu'en soit la nature, il excite l'admiration générale et inspire pour celui qui en est l'auteur un respect bien digne d'envie. L'héritage que les hommes de génie laissent à une nation est infiniment plus précieux et plus durable que de grandes richesses. Ce qui doit encore engager les gouvernements à encourager les arts et les sciences, c'est qu'elles sont comme le lien qui unit les hommes de génie et de talent, quels-qu'ils soient; et quelle que soit la nation à laquelle ils appartiennent, ils se regardent comme des frères et forment un réseau qui embrasse tous les amis du beau, de l'utile et de l'agréable.

# L'AGRICULTURE ET L'INDUSTRIE.

*Considérez même la dépense d'un denier, pour des choses inutiles, mais ne regardez point à des millions, quand ils sont nécessaires et utiles au bonheur et au bein-être de l'humanité.*

Arrivé à parler de l'agriculture et de l'industrie, je ferai observer que je ne les considérerai que très succinctement, jusqu'à ce qu'une coöpération indispensable me permette de traiter dignement ces deux objets, si importants en eux-mêmes; car ils sont en général du plus haut intérêt pour l'homme, dont l'une le nourrit et l'autre lui procure des moyens d'existence; ce sont elles enfin qui lui assurent une prospérité constante et deviennent la première source de toutes les richesses. En effet la terre n'ayant besoin que des bras de l'homme et de la bénédiction divine pour assurer le bien-être et le bonheur des peuples, il est donc du plus grand intérêt pour tous les gouvernements d'encourager l'agriculture par tous les moyens possibles, et l'on ne craint pas d'avancer qu'elle est mille fois plus utile que cette industrie bien secondaire, qui ne s'occupe qu'à *retirer* de l'or du sein de la terre, et qui ne peut s'exercer qu'à l'aide des bienfaits de l'agriculture. Il est donc urgent, d'après tous les vrais principes d'économie politique, de l'encourager et il ne doit coûter aucune peine, aucun sacrifice aux gouvernements pour la protéger, pour la perfectionner et pour y vouer tous ses soins; car, tandis que tout autre entreprise dépend des circonstances et excerce son influence sur l'avenir, l'agriculture pourvoit non-seulement tout de suite aux besoins de l'homme, en lui fournissant de l'ouvrage et de la nourriture, mais paie encore plus-tard doublement les sacrifices qu'on a faits pour elle. En effet les pertes auxquelles sont exposés le négociant, le banquier, le fabricant, sont pour la plupart étrangères à l'agriculture, et les rentes foncières acquièrent une certitude de valeur qui surpasse de beaucoup celle des fonds placés sur toute autre entreprise. Il est inutile d'ajouter combien elle l'emporte en utilité sur les autres branches d'industrie, dont le succès dépend ou paraît dépendre uniquement de l'homme, de son habileté, de son savoir-faire, de sa prévoyance, de sa vigilance; tandisque dans la vie agricole l'homme est sans cesse en la présence de Dieu, qui dispose des saisons et de la température, dont résultent les fruits de ses travaux.

Outre cela, l'agriculture réclame surtout les bras de l'homme, tandis que les autres branches d'industrie, depuis que les machines à vapeur ont été inventées, laissent beaucoup de bras inoccupés, de sorte que la classe ouvrière manque de pain, et quoique je reconnaisse tout l'avantage de la puissance de la vapeur et que je la considère comme la plus belle conquête de l'esprit humain, cette invention est néanmoins, selon moi, une des principales sources du paupérisme et de la misère qui règnent partout. Plus on étudie l'agriculture, plus on y découvre des principes de bonheur et d'une saine morale; il est donc d'une nécessité urgente de la développer et de la perfectionner; c'est le seul moyen d'établir d'une manière durable la prospérité des peuples, de prévenir le paupérisme, de se procurer des gains assurés, de multiplier les moyens d'existence et de prêter à l'état un appui salutaire.

En effet l'agriculture offre de précieux avantages; c'est par elle que la nourriture est plus abondante et meilleur marché; que les bras de l'homme sont plus nécessaires; que le débit des productions est plus grand; que le commerce fleurit et qu'une nation lui doit son bien-être et son bonheur. Certes ces avantages récompenseront largement les gouvernements qui l'auront protegée. Un célèbre poète les a heureusement exprimés dans les vers suivants:

> Mille fois donc heureux le laboureur tranquille,
> Qui sur ces bords charmants se choisit un asile!
> Chaque grain qu'il répand se centuple pour lui;
> Au milieu des mortels Dieu seul est son appui;
> Ses plus doux souvenirs, au sein de la nature,
> Sont tous pour le printemps, les fleurs et la verdure.
> Des héros qui troublaient la paix de l'univers
> Il ignore les noms et les exploits divers,
> Et dans ses champs sacrés que la gloire environne,
> Ne voit que ses moissons, et le Dieu qui les donne.

En effet quand le cultivateur se verra doublement récompensé de son travail et content de son sort, il aimera le toît qui l'a vu naître, s'attachera au sol qu'il cultive et ne cherchera point ailleurs les moyens de s'enrichir; il ne s'expatriera point, il n'ira pas même s'établir dans la capitale, où tant de campagnards croient qu'est la source des richesses et des plaisirs. Cette erreur, qui est pour la plupart d'entre eux la cause de leurs malheurs, a des effets terribles pour les gouvernements dans les temps de troubles politiques: ces gens deviennent plus-tard des instruments destructeurs dans les mains de ceux qui s'en servent pour renverser un état.

Quant à l'industrie, nous vivons heureusement dans une époque où les idées des peuples se tournent vers elle; depuis trente-trois ans de paix, il s'est fait dans ce riche domaine des conquêtes plus réelles et plus glorieuses que celles qui ont été obtenues par les armes: mais il est du devoir des gouvernements d'encourager les efforts de ceux qui y consacrent leurs facultés, leur temps et même leur fortune, en honorant et en récompensant les hommes industrieux qui se dévouent à la prospérité de leur pays et de leurs concitoyens; outre cela le devoir d'un gouvernement éclairé, c'est de propager l'instruction des branches d'industrie exercées dans le pays; de garantir la liberté du travail; d'occuper autant de bras que possible, tant par des travaux publics, que par l'établissement de colonies de bienfaisance et par le défrichement de terres incultes. L'agriculture et l'industrie, trouvant dans les gouvernements un appui qui leur est absolument nécessaire, répandront partout l'aisance et le bien-être, et donneront à la patrie et au prince une force supérieure à celle des armes; par cela seul que leurs intérêts sont intimément liés à la stabilité du gouvernement; puissions-nous bientôt voir ces deux branches d'économie politique exercer partout leur bienfaisante influence!

Arrivé à la conclusion, je dois avouer franchement, que sentant toute l'imperfection de cet aperçu politique, j'ai hésité de l'offrir à mes augustes et illustres Lecteurs, qui, j'ose l'espérer, daigneront l'agréer avec indulgence en faveur du motif qui a guidé ma plume. J'ai vu les maux de l'humanité et j'ai pris la hardiese de tâcher d'en indiquer les causes et les remèdes; et quoique mon travail laisse encore beaucoup à désirer, je serais néanmoins récompensé de mes peines, si mes faibles efforts peuvent contribuer au bonheur des Princes, des nations et à la tranquillité publique, et trouver un appui salutaire et une coopération active auprès de ceux que Dieu a établis pour gouverner les peuples; puissent les nations, en remplissant religieusement leurs devoirs, passer des jours heureux dans la paix, l'union et la prospérité. Puisse ce temps arriver prochainement! c'est le voeu ardent de l'auteur.

*Amsterdam, le 31 Juillet 1848.*

La traduction de cet aperçu était à peine achevée, que je reçus un ouvrage, renfermant une lettre et un discours, dignes d'être cités comme modèles de haute politique.  En voici quelques passages.

### *Lettre du Roi de . . . . . . au Prince Royal, son fils.*

Mon Cher,

*Au moment de ton départ, j'ai pensé qu'il ne te serait pas indifférent de lire quelques idées qui pourront te servir d'instruction pour ta règle de conduite dans les conjonctures où tu vas désormais te trouver. Tu seras, dans plusieurs occasions, isolé et abandonné à toi-même, ne pouvant pas te réfugier, comme tu l'as fait jusqu'ici, sur le sein paternel, et obligé sans cesse d'étudier les hommes et de te préserver de leur versatilité, en tâchant de connoître les choses. J'ai donc pensé, dis-je, qu'éloigné de ton ami, de celui qui attache son bonheur et sa gloire à la réussite de tes entreprises, tu trouverais quelque utilité à porter tes regards et à asseoir tes pensées sur les réflexions suivantes; elles m'ont été suggérées par les évènements qui se sont passées sous mes yeux, par la lecture de l'histoire du monde, et particulièrement de celle du Nord.*

*Méfie-toi de ces esprits forts, ou de ce qu'on appelle vulgairement grands esprits. — Ceux-ci sont plus dangereux qu'utiles. Le maniement des affaires leur est totalement étranger. Ils ressemblent au vif-argent et ne s'arrêtent nulle part.*

*Si l'humilité et la modestie sont des vertus essentielles pour ceux qui sont destinés à la conduite des états, la présomption est un des plus grands défauts qui puissant affliger les hommes revêtus de charges publiques, surtout dans les places éminentes. Plus un esprit est élevé et moins il doit dédaigner les conseils des personnes placées près de lui; mais ces conseils ne doivent jamais être une règle fixe pour le prince — Il doit les peser avant de les admettre ou de les rejeter, et si, par cet examen, il est convaincu que ses conseils valent mieux que les projets qu'il a conçus lui-même, il doit se les approprier comme provenant de sa propre réflexion, car il y a souvent autant de mérite à reconnaître ce qui est utile, quand on court personnellement les chances de la non-réussite, qu'il peut s'en trouver dans la hardiesse d'une idée qui est jetée d'abord comme un conseil, sans que celui qui l'a produite, ait eu le temps de la peser et de l'approfondir.*

*Le plus habile homme du monde doit toujours écouter l'avis même de ceux qu'il pense être moins habiles que lui, dès le moment qu'il les a appelés dans ses conseils. — Il est de la prudence du prince de parler peu; il est aussi de son intérêt d'écouter beaucoup; il profite alors de toutes sortes d'avis; les bons sont utiles pour eux-mêmes et les mauvais font ressortir les bons.*

*Tu dois aussi examiner les personnes qui sont employées au gouvernement de l'état, afin de démêler si elles pensent et si elles marchent de concert avec lui, si elles agissent de même et si elles tiennent un langage conforme au sien.*

*Dans tous les pays et principalement dans les pays constitutionnels, dans ceux surtout qui ont éprouvé des révolutions, ils se trouve plus de gens qui se plaignent des désordres, qu'on n'en trouve qui veuillent s'occuper des moyens de les faire disparaître. La probité d'un conseiller d'état doit être active; elle dédaigne la plainte et s'attache aux objets solides dont le public peut tirer avantage. Cette probité s'efforce de démasquer ceux qui, n'ayant que le bien de l'état dans la bouche, ont dans le coeur une ambition tellement déréglée qu'aucun frein n'arrête leurs désirs, et que rien ne les satisfait ni ne les contente. — Le monde n'est pas libre, parce qu'on porte un toast à sa liberté. — L'empire le plus puissant ne saurait se vanter de jouir d'un repos assuré, s'il n'est en état de se garantir, en tout temps, d'une invasion subite et d'une surprise imprévue. — Qui a la force, a toujours raison en matière d'état, et celui qui est faible peut difficilement s'exempter d'avoir tort, au jugement de la plus grande partie du monde. Avec des hommes l'on est maître des ressources des vaincus et on leur ôte tout moyen de corruption. Ainsi quand tu feras la guerre, ménage le sang de tes soldats et soigne-les dans leur maladies ; évite les petits combats, mais expose à propos ton armée lorsqu'il s'agira de la gloire et du sort de la patrie. — Beaucoup de batailles ont été perdues parce qu'on a voulu trop ménager quelques corps d'élite.*

*La fermeté, la sévérité même, ne sont classées au premier rang des vertus civiques qui caractérisent un prince, que lorsqu'elles sont employées à propos. — En examinant la cause de tous les relâchements, l'on reconnait qu'ils proviennent de l'impunité des crimes et non pas de la modération des peines. Il s'agit donc d'appliquer celles-ci à temps et aussi promptement que les formes peuvent le permettre, afin de frapper d'abord le délinquant et en imposer ensuite à ses amis et à ses partisans.*

*Les finances sont le nerf de l'état ; il est important de bien connaître la recette et la dépense, de créer des ressources suffisantes pour couvrir les besoins sans qu'elles soient onéreuses pour la nation, et de les employer avec discernement. — Il faut qu'un état soit économe tous les jours et magnifique par circonstance.*

### Discours du Roi de....

*„ Les évènements politiques dont nous avons été témoins dépuis un an ont dû vous convaincre, Messieurs, de l'attention suivie que les gouvernements ont attachée au maintien de l'ordre et de la tranquillité en Europe. Notre Pays, n'y pouvait point rester étranger. A mesure que les droits dont il jouit offraient des points de comparaison, l'usage que ses législateurs feraient de ces droits devait nécessairement fournir le sujet d'une observation générale.*

*„ S'il est de la nature du régime constitutionnel de favoriser le développement des idées, il est aussi du devoir des hommes éclairés de prévenir les dangers d'une exaltation outrée. Le passé est loin de nous ; profitons-en pour diriger nos pensées.*

*„ Les nations prospèrent rarement quand les princes et les peuples ne sont pas unis par un accord et par un intérêt mutuels. La gloire du prince rejaillit sur la nation, comme la prospérité nationale rejaillit sur le prince.*

*„ Vous avez vu les évènements qui ont affligé les pays les plus florissants de l'Europe; lorsqu'on agite les états, c'est toujours le peuple qui souffre le plus. Cette conviction doit nous déterminer à ne jamais perdre de vue son bien-être et sa tranquillité. Le premier des biens qu'il a droit d'exiger de nous, c'est son repos intérieur, et pour l'obtenir, sa voix nous commande de faire exécuter, sans distinction, les lois qui sont sa sauvegarde.*

*„ Si cependant, les lois qui nous régissent n'ont pas acquis le degré de perfection qu'on peut désirer, ce n'est qu'au temps á y amener des changements. Vouloir les opérer brusquement, ce serait mettre en problème tous les avantages du présent, et les belles espérances de l'avenir. —*